A Robbie Griffey

CÁNCER

Una guía para la mejor vida astrológica

STELLA ANDROMEDA

ILUSTRACIONES DE EVI O. STUDIO

cincotintas

Introducción   7

I.

Conoce a Cáncer

II.

Cáncer en profundidad

III.

Quiero saber más

Introducción

En el pronaos del templo de Apolo en Delfos había una inscripción con la frase «Conócete a ti mismo». Se trata de una de las ciento cuarenta y siete máximas, o normas de conducta, de Delfos y se le atribuyen al propio Apolo. Más adelante, el filósofo Sócrates amplió la idea y afirmó que «una vida sin examen no merece ser vivida».

Las personas buscamos el modo de conocernos a nosotras mismas y de encontrar sentido a la vida e intentamos entender los retos que plantea la existencia humana; con frecuencia, recurrimos a la psicoterapia o a sistemas de creencias, como las religiones organizadas, que nos ayudan a entender mejor la relación que mantenemos con nosotros mismos y con los demás y nos ofrecen herramientas concretas para conseguirlo.

Si hablamos de los sistemas que intentan dar sentido a la naturaleza y a la experiencia humanas, la astrología tiene mucho que ofrecernos mediante el uso simbólico de las constelaciones celestes, las representaciones de los signos zodiacales, los planetas y sus efectos energéticos. A muchas personas les resulta útil acceder a esta información y aprovechar su potencial a la hora de pensar en cómo gestionar su vida de un modo más eficaz.

¿Qué es la astrología?

En términos sencillos, la astrología es el estudio y la interpretación de la influencia que los planetas pueden ejercer sobre nosotros y sobre el mundo en el que vivimos mediante el análisis de sus posiciones en un punto temporal concreto. La práctica de la astrología se basa en una combinación de conocimientos fácticos acerca de las características de esas posiciones y la interpretación psicológica de las mismas.

La astrología es más una herramienta para la vida que nos permite acceder a sabiduría antigua y consolidada que un sistema de creencias. Todos podemos aprender a usarla, aunque no tanto como herramienta para adivinar o ver el futuro, sino como una guía que nos ofrece un conocimiento más profundo y una manera más reflexiva de entender la vida. La dimensión temporal es clave en astrología y conocer las configuraciones planetarias y las relaciones entre ellas en puntos temporales concretos puede ayudarnos a decidir cuál es el momento óptimo para tomar algunas de las decisiones importantes en nuestra vida.

Saber cuándo es probable que ocurra un cambio significativo en nuestras vidas como consecuencia de configuraciones planetarias específicas, como el retorno de Saturno (p. 103) o la retrogradación de Mercurio (p. 104), o entender qué significa que Venus esté en nuestra séptima casa (pp. 85 y 98), además de conocer las características específicas de nuestro signo zodiacal, son algunas de las herramientas que podemos usar en nuestro beneficio. El conocimiento es poder y la astrología puede ser un complemento muy potente a la hora de enfrentarnos a los altibajos de la vida y a las relaciones que forjamos por el camino.

Los 12 signos zodiacales

Cada uno de los signos del Zodíaco tiene unas características que lo identifican y que comparten todas las personas que han nacido bajo él. El signo zodiacal es tu signo solar, que probablemente conoces, ya que acostumbra a ser el punto desde el que empezamos a explorar nuestros senderos astrológicos. Aunque las características del signo solar pueden aparecer de un modo muy marcado en la personalidad, solo ofrecen una imagen parcial de la persona.

La manera como nos mostramos ante los demás acostumbra a estar matizada por otros factores que merece la pena tener en cuenta. El signo ascendente también es muy importante, al igual que la ubicación de nuestra Luna. También podemos estudiar nuestro signo opuesto, para ver qué características necesita reforzar el signo solar para quedar más equilibrado.

Una vez te hayas familiarizado con tu signo solar en la primera parte del libro, puedes pasar al apartado Quiero saber más (pp. 74-105) para empezar a explorar las particularidades de tu carta astral y sumergirte más profundamente en la miríada de influencias astrológicas que pueden estar influyéndote.

Los signos solares

La tierra necesita 365 días (y cuarto, para ser exactos) para completar la órbita alrededor del Sol y, durante el trayecto, nos da la impresión de que cada mes el Sol recorre uno de los signos del Zodíaco. Por lo tanto, tu signo solar refleja el signo que el Sol estaba atravesando cuando naciste. Conocer tu signo solar, así como el de tus familiares, amigos y parejas, no es más que el primero de los conocimientos acerca del carácter y de la personalidad a los que puedes acceder con la ayuda de la astrología.

En la cúspide

Si tu cumpleaños cae una fecha próxima al final de un signo solar y al comienzo de otra, vale la pena saber a qué hora naciste. Astrológicamente, no podemos estar «en la cúspide» de un signo, porque cada uno de ellos empieza a una hora específica de un día determinado, que, eso sí, puede variar ligeramente de un año a otro. Si no estás seguro y quieres saber con exactitud cuál es tu signo solar, necesitarás conocer la fecha, la hora y el lugar de tu nacimiento. Una vez los sepas, puedes consultar a un astrólogo o introducir la información en un programa de astrología en línea (p. 108), para que te confeccione la carta astral más precisa que sea posible.

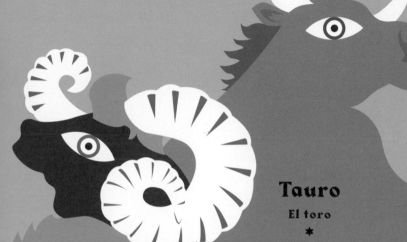

Tauro

El toro

★

21 ABRIL - 20 MAYO

Aries

El carnero

★

21 MARZO - 20 ABRIL

Astrológicamente, es el primer signo del Zodíaco y aparece junto al equinoccio vernal (o de primavera). Es un signo de fuego cardinal simbolizado por el carnero y el signo de los comienzos. Está regido por el planeta Marte, lo que representa dinamismo para enfrentarse a los retos con energía y creatividad. Su signo opuesto es el aéreo Libra.

Tauro, con los pies en la tierra, sensual y aficionado a los placeres carnales, es un signo de tierra fijo al que su planeta regente, Venus, ha concedido la gracia y el amor por la belleza a pesar de que su símbolo sea un toro. Acostumbra a caracterizarse por una manera de entender la vida relajada y sin complicaciones, si bien terca a veces, y su signo opuesto es el acuático Escorpio.

Géminis

Los gemelos

✦

20 MAYO – 20 JUNIO

Géminis es un signo de aire mutable simbolizado por los gemelos. Siempre intenta considerar las dos caras de un argumento y su ágil intelecto está influido por Mercurio, su planeta regente. Tiende a eludir el compromiso y es el epítome de una actitud juvenil. Su signo opuesto es el ardiente Sagitario.

Cáncer

El cangrejo

✦

21 JUNIO – 21 JULIO

Representado por el cangrejo y la tenacidad de sus pinzas, Cáncer es un signo de agua cardinal, emocional e intuitivo que protege su sensibilidad con una coraza. La maternal Luna es su regente y la concha también representa la seguridad del hogar, con el que está muy comprometido. Su signo opuesto es el terrestre Capricornio.

Virgo
La virgen

22 AGOSTO – 21 SEPTIEMBRE

Virgo, representado
tradicionalmente por una doncella
o una virgen, es un signo de tierra
mutable, orientado al detalle y con
tendencia a la autonomía. Mercurio
es su regente y lo dota de un
intelecto agudo que puede llevarlo
a la autocrítica. Acostumbra a
cuidar mucho de su salud y su signo
opuesto es el acuático Piscis.

Leo
El león

★

22 JULIO – 21 AGOSTO

Leo, un signo de fuego fijo, está
regido por el Sol y adora brillar.
Es un idealista nato, positivo
y generoso hasta el extremo.
Representado por el león, Leo
puede rugir orgulloso y mostrarse
seguro de sí mismo y muy resuelto,
con una gran fe y confianza en la
humanidad. Su signo opuesto es el
aéreo Acuario.

Escorpio

El escorpión

✴

22 OCTUBRE – 21 NOVIEMBRE

Como buen signo de agua fijo,
Escorpio es dado a las emociones
intensas y su símbolo es el
escorpión, que lo vincula así al
renacimiento que sigue a la
muerte. Sus regentes son Plutón
y Marte y se caracteriza por una
espiritualidad intensa y emociones
profundas. Necesita seguridad para
materializar su fuerza y su signo
opuesto es el terrestre Tauro.

Libra

La balanza

✴

22 SEPTIEMBRE – 21 OCTUBRE

Libra, un signo aéreo cardinal
regido por Venus, es el signo de
la belleza, del equilibrio (de ahí
la balanza) y de la armonía en un
mundo que idealiza y al que dota
de romanticismo. Con su gran
sentido de la estética, Libra puede
ser artístico y artesanal, pero
también le gusta ser justo y puede
ser muy diplomático. Su signo
opuesto es el ardiente Aries.

Sagitario

El arquero

★

22 NOVIEMBRE – 21 DICIEMBRE

Representado por el arquero, Sagitario es un signo de fuego mutable que nos remite a los viajes y a la aventura, ya sea física o mental, y es muy directo. Regido por el benévolo Júpiter, Sagitario es optimista y rebosa de ideas. Le gusta la libertad y tiende a generalizar. Su signo opuesto es el aéreo Géminis.

Capricornio

La cabra

★

22 DICIEMBRE – 20 ENERO

Capricornio, cuyo regente es Saturno, es un signo de tierra cardinal asociado al esfuerzo y representado por la cabra, de pisada firme pero a veces también juguetona. Es fiel y no rehúye el compromiso, aunque puede ser muy independiente. Tiene la disciplina necesaria para una vida laboral como autónomo y su signo opuesto es el acuático Cáncer.

Piscis

Los peces

★

20 FEBRERO - 20 MARZO

Piscis tiene una gran capacidad para adaptarse a su entorno y es un signo de agua mutable representado por dos peces que nadan en direcciones opuestas. A veces confunde la fantasía con la realidad y, regido por Neptuno, su mundo es un lugar fluido, imaginativo y empático, en el que acostumbra a ser sensible a los estados de ánimo de los demás. Su signo opuesto es el terrestre Virgo.

Acuario

El aguador

★

21 ENERO - 19 FEBRERO

A pesar de que estar simbolizado por un aguador, Acuario es un signo de aire fijo regido por el impredecible Urano, que arrasa con las ideas viejas y las sustituye por un pensamiento innovador. Tolerante, de mente abierta y humano, se caracteriza por la visión social y la conciencia moral. Su signo opuesto es el ardiente Leo.

Conoce a

I.

Cáncer

El signo que el Sol estaba recorriendo en el momento en el que naciste es el punto de partida clave a la hora de usar el Zodíaco para explorar tu carácter y tu personalidad.

Signo de agua cardinal simbolizado por el cangrejo.

Regido por la Luna y sus ciclos, que también determinan las mareas.

SIGNO OPUESTO

Capricornio

LEMA PERSONAL

«Yo siento.»

I.

Color

El color plata y los iridiscentes tonos verdiazules del mar son los colores de Cáncer. La plata pulida refleja la luz, al igual que la Luna, la regente de Cáncer, y, aunque es habitual ver plata en joyas, la ropa y los accesorios plateados también te conectarán con la energía de Cáncer cuando necesites un empujoncito psicológico o un extra de valor.

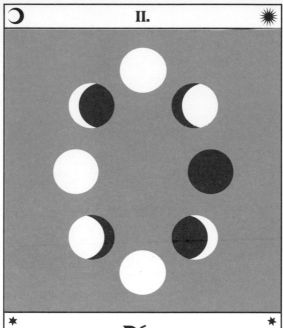

Día

El lunes. En muchos países es el primer día de la semana laboral y la influencia de la Luna es evidente en su nombre, que deriva del latín *dies lunae*, es decir, «día de la Luna».

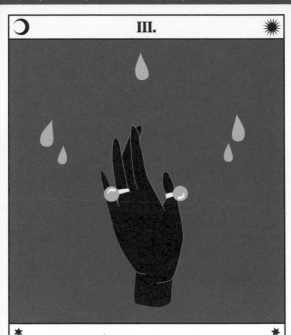

Piedra preciosa

En la antigua Grecia se creía que las perlas, con su maravillosa iridiscencia, eran las lágrimas de Afrodita, la diosa del amor. Simbolizan la pureza y también se cree que ahuyentan la mala suerte. La piedra de luna es otra de las gemas que vibran con Cáncer, porque potencia la energía de la Luna y la intuición, además de anunciar nuevos ciclos y principios.

Ubicaciones

Escocia, los Países Bajos, Croacia y las islas de Cabo
Verde y Nueva Zelanda son algunos de los países
que encajan con este perfil astrológico, y Colombia,
Bahrein, Eslovenia y Ruanda también son buenas
ubicaciones. Si hablamos de ciudades, Venecia, con su
magia acuática, es una ubicación ideal para Cáncer,
al igual que Ámsterdam, Nueva York, Manchester,
Estocolmo y Tokio.

Vacaciones

A muchos Cáncer les apetece quedarse en casa durante las
vacaciones, porque son muy hogareños y, con frecuencia,
les resulta mucho más atractivo que tener que arrastrar
maletas de un aeropuerto a otro. De todos modos, para los
que consiguen salir del país, alquilar una bonita villa en la
playa de una isla griega con espacio para toda la familia
puede ser una opción ideal. Otros de los destinos donde
podemos encontrar a Cáncer son las islas Galápagos o la
reserva de tortugas de Ras al-Jinz, en Omán.

Flores

El jazmín, níveo y de aroma dulce, pero con la tenacidad y la capacidad necesarias para envolver los muros de una casa, y la campánula son dos de las flores de Cáncer. También lo es el acanto, cuyas flores blancas y de un malva pálido simbolizan el renacimiento, la inmortalidad y la curación.

Árboles

El sauce, con sus hojas verdes y plateadas que se inclinan hacia el agua, es su árbol, como el abedul, de corteza semejante al papel y hojas centelleantes. Otros árboles con un contenido elevado de salvia (fluido), como el arce y el olmo, también encajan con este signo astrológico.

Mascotas

La tortuga es una buena opción como mascota para Cáncer, a quien le resulta fácil identificarse con esta atractiva criatura que lleva su casa a cuestas. Además, la tortuga de agua y su acuario necesitan muchos cuidados, lo que sintoniza con la necesidad de Cáncer de atender a los demás.

Fiestas

Una fiesta en la playa será ideal para el cangrejo, que bailará al borde de las olas alumbrado por la Luna. De todos modos, Cáncer siempre preferirá una reunión con buenos amigos que una multitud de desconocidos. En ausencia de mar, disfrutará de una fiesta en casa, preferiblemente la suya. Seguro que ofrecerá comida abundante y deliciosa y, quizás, un cóctel Moonshine, con tequila, triple seco y crema de coco, agitado con mucho hielo y un chorro de jugo de lima.

Las características de Cáncer

Leal, amable, compasivo... todo esto es cierto cuando hablamos de Cáncer, aunque también puede ser algo gruñón. Al igual que el cangrejo que tiene como símbolo, posee un interior meloso y tierno que, en ocasiones, necesita de una coraza externa para ocultar y proteger sus emociones. El cangrejo se siente en casa tanto en tierra firme como en el agua, por lo que se siente cómodo en el mundo real, pero también en los ondulantes mares de su imaginación. Una cosa es clara: Cáncer es todo emoción y, como signo regido por la Luna, las mareas de emoción pueden fluctuar con fuerza bajo la superficie.

Por otro lado, Cáncer es un signo cardinal, anclado con solidez y ambición en el mundo real y sus habitantes, y es muy sociable. Las relaciones personales, y sobre todo la relación con su pareja, pero también con la familia y los amigos, son muy importantes para él. Una vez se compromete se aferra con fuerza, en una manifestación de otra de las características del cangrejo: la tenacidad.

Al igual que sucede con la Luna, su regente, puede dar la impresión de que la intensidad de Cáncer fluctúa y que unas veces se le «ve» con facilidad y otras no, de ahí su reputación de signo malhumorado. Sin embargo, lo que lo lleva a desaparecer emocionalmente no es tanto una cuestión de mal humor como la necesidad de pasar tiempo a solas (metiéndose en su caparazón) de vez en cuando para procesar emociones intensas. Este desapego puede ocultar su tendencia a dar vueltas a las cosas y su dificultad para compartir lo que le preocupa. También puede haber cierto elemento de secretismo y es muy capaz de ocultar emociones e información hasta que se siente seguro.

Cáncer, tanto hombre como mujer, tiende a tener una faceta maternal y cuidadora bastante marcada, debido a los atributos femeninos de la Luna, su regente. Se suele decir que es el cuidador del Zodíaco, algo que se puede ver en el amor que Cáncer siente por su familia y en la facilidad con que crea una vida doméstica maravillosa, pero también en cómo lleva esa faceta cuidadora más allá para ocuparse de otras personas (y animales). Acostumbra a llevarse bien con los niños y en ocasiones rememora con nostalgia su propia infancia, lo que puede dar lugar a una necesidad de seguridad algo infantil. Sin embargo, como es un signo cardinal, también puede ser muy pragmático y es capaz de crear esa seguridad para sí mismo y para los demás. No se deja pisar y es muy fuerte tanto física como emocionalmente, algo que no siempre parece obvio si se tiene en cuenta su faceta más suave e intuitiva, más evidente.

TEMPLAR EL AGUA

Las características clave de cualquier signo solar se pueden ver equilibradas (y en ocasiones reforzadas) por las características de otros signos en la misma carta astral, sobre todo los que corresponden al ascendente y a la Luna. Eso explica que pueda haber personas que aparentemente no acaban de encajar en su signo solar. Sin embargo, los rasgos Cáncer básicos siempre estarán ahí como una influencia clave e informando el modo de entender la vida de la persona.

La parte física de Cáncer

Cáncer puede parecer indeciso y asemejarse a un observador que o bien se mantiene ajeno a la acción, o bien se limita a intervenir de un modo tangencial, pero no cabe duda de que se fija en todo. No actúa así por falta de seguridad en sí mismo, sino porque le gusta observar con interés, atención y consideración. De todos modos, una vez tenga las cosas claras, estará encantado de intervenir, aunque en ocasiones lo haga desde un lado, no de frente, como el cangrejo que es. A pesar de esta tendencia a actuar de manera indirecta, Cáncer puede tener una mirada directa y, en ocasiones, penetrante, porque no puede evitar sopesar las situaciones y rastrear las vibraciones (como un médium). De todos modos, hasta que no esté seguro de lo que quiere decir, lo más probable es que permanezca callado.

Salud

El cangrejo rige el abdomen y, como rumia y se preocupa
tanto, a veces desencadena el caos en su sistema digestivo y es
propenso a sufrir úlceras y otros problemas estomacales. Su
delicado estómago también puede sufrir por los excesos con
la comida y el alcohol, y acostumbra a comer para calmar los
nervios, lo que significa que tiende al sobrepeso. En el caso
de las mujeres, también rige los senos, asociados al instinto
maternal, por lo que puede sufrir problemas de quistes, entre
otros, y es importante que acuda a revisiones periódicas (al
igual que todas las mujeres).

Ejercicio físico

Este signo tiene la tenacidad necesaria para correr maratones
o incuso participar en triatlones, que combinan el ejercicio en
tierra y agua, dos elementos en los que el cangrejo se siente
igualmente cómodo, pero su domesticidad innata puede
llevarlo a pedalear sobre una bicicleta estática en el dormitorio.
A Cáncer le gusta conectar el cuerpo y la mente, aunque solo
sea para mantener la concentración, y si incorpora pautas
de ejercicio regular a su rutina, estas podrían incluir yoga
o ejercicios de respiración para equilibrar la actividad más
aeróbica y enérgica.

Cómo se comunica Cáncer

Cáncer sabe escuchar muy bien y, lo que es aún más importante, escucha de verdad y responde en función de lo que haya oído. Centra toda su atención en la situación y atiende a la persona con la que esté hablando, porque es una de las muchas maneras en que le demuestra que es importante para él. Es muy intuitivo y, en ocasiones, da la impresión de que los demás son libros abiertos para él; con frecuencia, responde a vibraciones que ha percibido pero de las que no se ha dicho nada con una precisión asombrosa que puede llegar a desconcertar a su pareja o a sus amigos. Sabe lo importante que es escuchar con atención y los demás acuden a él en busca de consejo, que acostumbra a ofrecer con precisión después de haber reflexionado. Sin embargo, a veces olvida que no todo el mundo es tan intuitivo como él y le duele no sentirse escuchado. Entonces, se mete en su caparazón y parece estar de mal humor, pero lo único que necesita para volver a salir es que le dediquen algo de tiempo y atención genuina.

La carrera profesional de Cáncer

Dado lo hogareño que es, Cáncer estará encantado de trabajar desde casa, por ejemplo como escritor independiente o dirigiendo una empresa en línea. Además, es uno de los signos con la autodisciplina suficiente para poder ser su propio jefe. En concreto, escribir puede ser una extensión de una imaginación fluida, algo que Cáncer tiene a espuertas. Escribir también exige tenacidad para permanecer sentado en soledad durante largos periodos de tiempo, enterrado en una idea al igual que el cangrejo se entierra en la arena de la playa.

Las profesiones que implican cuidar y atender a personas también son atractivas para Cáncer, cuyo interés por cuidar a los demás es genuino. Esto puede llevarlo al sector de la hostelería y a trabajar en restaurantes, hoteles o destinos vacacionales. La empatía y la capacidad innata de Cáncer para escuchar y reflexionar sobre los problemas de otros hacen que la psicología, la psicoterapia o la mediación sean buenas opciones profesionales, mientras que la medicina y la enfermería combinan esta misma capacidad con habilidades más prácticas. Se lleva bien con niños y jóvenes, por lo que la enseñanza o la puericultura también son buenas alternativas.

La compatibilidad de Cáncer

Es un amigo popular, porque la capacidad de escucha está muy valorada incluso en un mundo tan ajetreado como el actual, y, con frecuencia, Cáncer es un buen amigo antes de convertirse en amante. Se vincula con fuerza a la persona que le atrae y espera al momento adecuado para pasar a la acción, con frecuencia de forma indirecta. Cáncer no es un pusilánime a pesar de ser un signo de agua cauto y sensible, porque también es un signo cardinal que tiene muy claro lo que se merece, por lo que cuando llega el momento oportuno no le importa tomar la iniciativa. Cuando centra su atención en alguien, su decisión de pasar de amigos a amantes se afianza en una convicción que puede superar todos los obstáculos.

La mujer Cáncer

La mujer Cáncer es el epítome de la feminidad y puede flirtear con tranquilidad al tiempo que hace gala de una sensualidad profunda. Cuando se enamora, se compromete con fuerza y la lealtad es un elemento clave para ella siempre que no vea traicionada su confianza. No lleva bien que le tomen el pelo. La aparente serenidad de la mujer Cáncer puede resultar engañosa, porque esa suavidad oculta una voluntad de acero de marcar una diferencia y pasar a la acción.

MUJERES CÁNCER DESTACADAS

La princesa Diana era extraordinariamente empática a ojos del mundo, pero también tenía una manera fabulosamente íntima y femenina de mirar coquetamente con los ojos entornados. Las actrices Emma Suárez y Margot Robbie, ésta última con su propia productora, la cantante Ariana Grande y la activista Malala Yousafzai, encarnan una extraordinaria fuerza de carácter que consigue que las cosas se hagan, con sus condiciones y a su manera.

El hombre Cáncer

El hombre Cáncer se toma muy en serio la función de protector y, en ocasiones, llega a parecer anticuado en este aspecto. Sus gestos románticos son genuinos, pero también le sirven para tantear el terreno, porque antes de arriesgar sus sentimientos quiere estar tan seguro como sea posible. Cáncer no lleva bien los rechazos. Esta combinación de sensibilidad masculina es muy atractiva, aunque en ocasiones puede resultar difícil de gestionar.

HOMBRES CÁNCER DESTACADOS

La audacia del escritor Ernest Hemingway ocultaba un alma sensible, un rasgo presente en el jugador de baloncesto Pau Gasol, amante de la ópera, o en el actor Robin Williams, que derrochaba sensibilidad. Tom Cruise y el príncipe Guillermo de Inglaterra son varones Cáncer típicos, que combinan la afición a la acción con la necesidad de gestos románticos y una vida doméstica armoniosa.

Cáncer y Aries

Aunque la atracción sexual entre esta combinación de signos de fuego y aire eche chispas, Aries puede sentirse cohibido por la tendencia de Cáncer a ponerse a la defensiva y, además, la domesticidad del cangrejo puede alimentar el deseo de Aries de salir huyendo.

Cáncer y Tauro

Ambos encuentran en el otro el afecto que anhelan y, sexualmente, funcionan bien. Cáncer puede sacar a la luz la faceta más imaginativa del leal Tauro que, a cambio, tolera y contiene la tendencia de Cáncer al mal humor.

Cáncer y Géminis

Aunque al principio se puede sentir atraído por Géminis, este puede resultar demasiado volátil para el cangrejo, que anhela seguridad. Por otro lado, el intelecto de Géminis tiende a chocar con la actitud intuitiva con que Cáncer aborda la vida, aunque esa misteriosa cualidad aérea puede airear parte de su pensamiento.

Cáncer y Cáncer

Se entienden muy bien, pero, con tanto en común, ¿cómo irá la relación? En la cama son una combinación sensual, pero fuera de ella puede haber demasiada posesividad y necesidad, a no ser que sean capaces de dar un paso atrás de vez en cuando.

Cáncer y Leo

El optimismo de Leo atrae a Cáncer, pero a largo plazo la exuberancia continuada y la necesidad de adulación pueden resultar problemáticas para un ser sensible y que necesita sentirse seguro, como es Cáncer.

Cáncer y Virgo

La meticulosidad de Virgo encaja con la necesidad de seguridad de Cáncer y el equilibrio entre emoción e intelecto está ahí. En consecuencia, la armonía y el afecto caracterizan a esta unión desde el principio.

Cáncer y Escorpio

Estos dos signos se entienden muy bien y el compromiso y el afecto de Cáncer ayudan a Escorpio a sentirse muy seguro, lo que reduce las probabilidades de que use su aguijón y crea espacio para la intimidad física y emocional que ambos anhelan.

Cáncer y Libra

Cuando la actitud emotiva de Cáncer ante el amor topa con la necesidad de equilibrio intelectual de Libra, pueden aparecer roces que complican que el uno entienda lo que necesita el otro. Aunque el compromiso con crear un hogar bello puede ayudarlos, es posible que no sea suficiente.

Cáncer y Sagitario

La naturaleza volátil de este signo de fuego hace que Cáncer se sienta demasiado inseguro, mientras que su faceta más sensible y doméstica tiende a irritar a Sagitario, que es un amante de la libertad. A largo plazo, son mejores amigos que amantes.

Cáncer y Acuario

Acuario es demasiado desapegado, intelectual e impredecible para satisfacer la necesidad básica de atención de Cáncer. Aunque Acuario puede despertar el interés sexual de Cáncer, su compromiso emocional es demasiado débil para permitir que la atracción vaya mucho más allá del dormitorio.

Cáncer y Piscis

Ambos son signos de agua imaginativos, pero cada Cáncer puede lo es a su manera. Uno es un signo de acción y el otro, de trabajo. Son compatibles sexualmente y el afán de protección de Cáncer encaja muy bien con la visión romántica de Piscis. Se entienden y funcionan bien juntos.

Cáncer y Capricornio

Los opuestos astrológicos siempre se atraen, al menos al principio, pero Cáncer puede interpretar la reserva y la independencia de Capricornio como un rechazo, por lo que, con el tiempo, esta combinación acaba siendo complicada.

La escala del amor de Cáncer

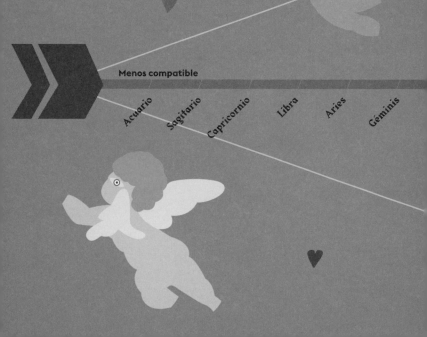

Menos compatible

Acuario   Sagitario   Capricornio   Libra   Aries   Géminis

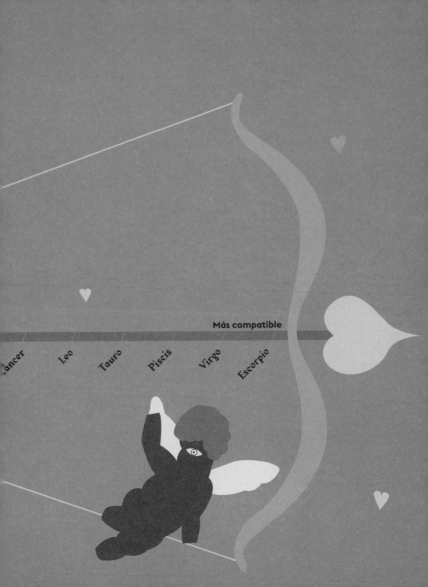

Más compatible

Cáncer   Leo   Tauro   Piscis   Virgo   Escorpio

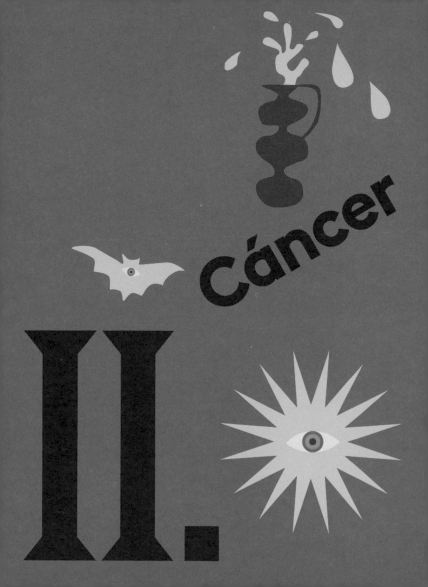

Cáncer

II.

en profundidad

En esta sección, profundizaremos en cómo puede estar impulsándote o reteniéndote tu signo solar y empezaremos a pensar en cómo puedes usar ese conocimiento para escoger tu camino.

El hogar de Cáncer

Cáncer pone todo su corazón en su casa, por lo que probablemente sea un refugio despejado y de colores serenos. De todos modos, el hogar de Cáncer no se caracteriza por ser un espacio hiperestilizado, sino por la comodidad y por lo acogedor que resulta, sin luces invasivas ni elementos discordantes. Suele haber muchas fotografías con amigos y familiares, algunas de las cuales se remontarán a tiempo atrás. Aquí es donde Cáncer se siente seguro y se aísla del resto del mundo.

Suelos de madera de roble pulida, paisajes marinos en marcos de madera recuperada, lámparas con forma de globo o de luna y tejidos de muselina... la decoración puede recordar a una casa en la playa, pero con frecuencia habrá también una chimenea cálida y brillante. Es muy posible que la chimenea sea uno de los elementos focales de la decoración, porque aunque Cáncer es un signo de agua, su aspecto cardinal significa que cree en lo fundamental de la vida familiar, representada por la chimenea y el corazón del hogar. Incluso si se trata del hogar de un hombre Cáncer, es posible que haya toques femeninos, como toallas mullidas en el baño, flores frescas o cojines en el sofá.

TRES CONSEJOS PARA CUIDARSE

* Alterna el ejercicio acuático, como la natación, con ejercicio más centrado, como el yoga, para equilibrar el cuerpo y la mente.

* Las infusiones de poleo menta facilitan la digestión.

* Pasea junto a la orilla del mar para reconectar con el entorno natural.

Cuidados personales

A Cáncer le resulta mucho más fácil cuidar de los demás que cuidar de sí mismo, por lo que tiende a desoír sus necesidades al tiempo que se asegura de que las de los demás estén satisfechas. Prevenir es mejor que curar, por lo que Cáncer debería hacer ejercicio con regularidad, para interrumpir la actividad mental y relajar el cuerpo. Como acostumbra a estar tan bien en agua como en tierra, media hora de natación lo ayudará a ejercitar el cuerpo al tiempo que calma la mente. El antídoto perfecto a la rumiación constante.

Es importante que Cáncer reserve tiempo para desconectar y equilibrar así su profunda implicación emocional con los demás, tomar perspectiva y recuperarse, sobre todo si tiene un trabajo exigente, como en la enseñanza o la enfermería. Si no lo hace, el estrés y el agotamiento pueden ser un problema y Cáncer se acabará quemando. La práctica de la meditación y la atención plena, quizás sumada al yoga hatha, para trabajar la respiración y promover pensamientos serenos cuando los necesite, también lo ayudará. Todo esto debería facilitar también que se aflojen esos nudos en el estómago que le provocan problemas digestivos. ¿Qué puede hacer para sentirse calmado y atendido después de haber calmado y atendido a todos los demás? Salir a correr durante una hora, para luego recibir un masaje con aceites esenciales de jazmín y sándalo, con el sonido de fondo de las olas, es una opción ideal.

TRES IMPRESCINDIBLES EN LA DESPENSA DE CÁNCER

* Sal marina en escamas artesanal, porque es un maravilloso potenciador del sabor.

* Anchoas en conserva para añadirlas a una pizza, animar una salsa o dar un punto especial a un asado de cordero.

* Setas deshidratadas, por la intensidad de su sabor.

Cáncer:
la comida
y la cocina

¿Qué mejor manera de demostrar amor que cocinar para el otro? La comida congelada o para llevar no es para Cáncer. La *mamma* italiana sirviendo espagueti a la boloñesa a toda una tropa es el epítome del cangrejo y es muy probable que en casa de Cáncer encontremos una nevera y una alacena bien surtidas. Aborda la comida con una actitud sólida y apreciativa, aunque es propenso a padecer sensibilidades alimentarias. De todos modos, es poco probable que Cáncer siga modas dietéticas o adopte dietas restrictivas como el veganismo, porque no es especialmente puritano y su lado más sensual disfruta demasiado del placer de preparar, cocinar y comer.

Es la clase de hombre que disfruta preparando pacientemente un risotto, elabora a mano exquisitas samosas de verduras o incluso una salsa de pan sin gluten, para demostrar su amor, o la mujer cuya pasta *choux* para sus petisús de chocolate es tan deliciosa como legendaria.

TRES CONSEJOS SOBRE EL DINERO

* Confía en tu instinto. A veces, hay que especular para acumular.

* La inversión en activos inmobiliarios es una opción segura para Cáncer.

* No te olvides de tener ahorros destinados al ocio.

Cómo gestiona el dinero Cáncer

A Cáncer le gusta proteger tanto el presente como el futuro de su familia, por lo que, cuando se trata de dinero, ahorrar para posibles imprevistos le resulta de lo más natural. El dinero representa seguridad de varios tipos y Cáncer puede ser muy astuto a la hora de adquirirlo, con frecuencia mediante una combinación de negocios provechosos y de esfuerzo. Es un signo generoso, que no derrochador, y normalmente se puede confiar en él para que los gastos cuadren con los ingresos, ya que no acostumbra a gastar más allá de sus posibilidades.

También tiende a ahorrar, no porque sea avaricioso, sino porque necesita sentirse protegido y, por mucho que tenga en el banco, siempre le preocupará que no sea suficiente. Cuando gasta en ocio, normalmente suele incluir a la familia y a los amigos, ya sea invitándolos a casa o con reuniones de grupo, que para Cáncer son más atractivas que la acumulación de riqueza.

Cáncer
y su jefe

Cáncer tiende a querer hacer «de madre» de todo el mundo. Y, claro, si uno trabaja como asistente personal de alguien que espera que le preparen el café de un modo específico y que le recojan la ropa limpia de la tintorería, eso forma parte del trabajo. Sin embargo, si se trabaja en equipo, uno solo debería preparar café para los demás cuando va a prepararse uno para sí mismo. De otro modo, se corre el riesgo de socavar la imagen profesional o de que los compañeros se aprovechen. En resumen, el trabajo consiste en hacer lo que pone en el contrato y la prioridad ha de ser esa, no atender la salud emocional del resto de trabajadores.

La preocupación por la vida emocional de los colegas también puede llevar al cotilleo y a la pérdida de tiempo, algo que, con frecuencia, acaba mal. Y si tu jefe ha compartido secretos contigo o sabes de su relación extramatrimonial, quizás acabe desconfiando de la intuición que caracteriza a Cáncer, y eso nunca es bueno. Por lo tanto, Cáncer debe recordar siempre que tiene que equilibrar su empatía con la determinación de hacer el trabajo. A veces, Cáncer tiene dificultades para dejar un empleo para prosperar o avanzar en su carrera profesional, pero le irá bien hablar de ello honestamente con el jefe.

TRES CONSEJOS PARA TRATAR AL JEFE

* Mantén una distancia amistosa y abierta, pero siempre profesional.

* Usa la intuición para tomar la medida a tus colegas, pero guárdatelo para ti.

* Recuerda que, si quieres prosperar, debes anteponer tus intereses de vez en cuando.

TRES CONSEJOS PARA UNA VIDA MÁS FÁCIL

* Habla de lo que sientes: nadie puede adivinar lo que le pasa a un Cáncer por la cabeza.

* No asumas todas las tareas domésticas. Deja que los demás hagan su parte.

* Evita acumular objetos que ya no necesitas. Para eso están las tiendas de segunda mano.

Vivir con Cáncer

A pesar de ser hogareño, no es necesariamente un signo de convivencia fácil, porque su vida interior es tan activa que sus compañeros o parejas no siempre tienen manera de saber qué sucede en su mente intuitiva e imaginativa. Si está en silencio, tanto puede ser que se halle en un proceso de introspección dichosa, que esté pensando en un tema del trabajo o que esté triste. Y aunque Cáncer se siente seguro rodeado de familiares y amigos, también necesita mucho tiempo a solas para procesar sus emociones, a veces para exasperación de quienes lo rodean y que acostumbran a malinterpretar lo que sucede.

También es un gran coleccionista y esta afición se puede hacer evidente en un apego sentimental a posesiones que carecen de significado evidente para nadie que no sea él. Así que esa colección de programas de obras de teatro es esencial, así como la taza descantillada que usó en su infancia. Por el contrario, cuando le da el arrebato, puede ser abrupta y despiadadamente minimalista y hacer una limpieza general drástica. También tiende a coleccionar personas y, con frecuencia, tiene muchos amigos de distintas edades y procedencias.

Cáncer
y las
rupturas

A Cáncer le puede costar mucho dejar atrás una relación o historia amorosa, incluso aunque sea él quien ha instigado la ruptura. El problema de este estilo tan indeciso es que envía mensajes contradictorios y, a la larga, ambas partes acaban sufriendo más. Y, como reacción ante toda esta emoción, el cangrejo puede optar por retirarse y desaparecer.

Puede hacerlo si es la parte abandonada, y rechazará el amor y el apoyo de familiares y amigos bienintencionados, de los que se aislará mientras sufra. Con Cáncer, es cuestión de todo o nada, así es como supera las dificultades, pero es necesario expresar las emociones y al final lo acabará haciendo, para pasar página.

TRES CONSEJOS PARA UNA RUPTURA MÁS FÁCIL

* Acepta sin discusión que la relación ha llegado a su fin y pasa página.

* No alejes a tus amigos. Encuentra un hombro de confianza en el que llorar.

* Instaura una estrategia de cuidado personal que te ayude a superar los primeros días o semanas.

Cómo quiere Cáncer que le quieran

Muchos subestiman la faceta precavida de Cáncer, que se aproxima al agua y, entonces, vuelve rápidamente hacia atrás. Se comporta de la misma manera en lo que concierne al amor, por lo que necesita sentirse muy seguro y que le demuestren que vale la pena mojarse. Nunca actúa antes de estar seguro, pero una vez lo hace, ya está: se compromete. Por indeciso que parezca, una vez se ha comprometido, Cáncer se aferrará y será leal hasta el extremo. Por supuesto, espera ser tratado de la misma manera y no reacciona nada bien cuando le toman el pelo. Nunca hay que «dar caña» a un Cáncer para despertar su interés. No le gusta y se irá. No le van los jueguecitos.

Entonces, ¿qué busca Cáncer? Seguridad y amabilidad, esas son las palabras clave. Necesita saber que es importante para su pareja. Además, se trata de un signo muy sensual que necesita pasión de verdad. Es algo que no se puede fingir y Cáncer detectará la más mínima falta de sinceridad. Para que haya cualquier tipo de trascendencia en el dormitorio, Cáncer necesita sentirse seguro en el resto de la casa, algo clave para esta criatura regida por la Luna y su influencia fluctuante. El romanticismo también es importante, sobre todo en las primeras citas, donde la luz de la luna teje su propia magia. Inevitablemente, una de las maneras de llegar al corazón de Cáncer es el estómago, y es muy probable que la oferta de una comida casera le resulte mucho más atractiva que la de cenar en un restaurante.

TRES CONSEJOS PARA AMAR A CÁNCER

* Los halagos son fantásticos, siempre que sean sinceros.

* Flirtear está bien, siempre que solo lo hagas con él o ella.

* No confundas la reserva con falta de interés. Cáncer necesita tiempo para poder declarar sus intenciones.

La vida sexual de Cáncer

En el dormitorio, Cáncer es un amante sensible, centrado en el placer de su pareja, empático y, en ocasiones, casi demasiado preocupado por gustar, como si olvidara que el sexo es cosa de dos y que recibir es tan placentero como dar. Esta seguridad en sí mismo es, en parte, fachada: una protección que oculta un alma sensible y amable. Cuanto más seguro se sienta Cáncer, más se relajará y se dejará llevar por el momento, arrastrado lejos de su yo físico inmediato por la marea de emoción.

Aunque se tarda bastante tiempo en acercarse a Cáncer, lo cierto es que merece la pena. Le gusta tomarse su tiempo en el dormitorio y casi nunca tiene prisa. Suele preferir los encuentros sensuales y es capaz de mostrarse muy imaginativo y juguetón una vez está seguro del compromiso de su pareja. Por supuesto, también puede mantener relaciones esporádicas, pero Cáncer prefiere sobre todo las relaciones en las que el sexo pueda existir, florecer y comunicar emociones genuinas. Los masajes pueden ser un elemento clave en los juegos previos de Cáncer, ya que la atención al cuerpo lo ayuda a abrirse y a salir del caparazón.

saber

más

Tu signo solar nunca te ofrece la imagen completa. En este apartado, aprenderás a leer los matices de tu carta astral y accederás a otro nivel de conocimientos astrológicos.

Tu
carta
astral

Tu carta astral es una instantánea de un momento concreto, en un lugar concreto, en el preciso momento de tu nacimiento y, por lo tanto, es absolutamente individual. Es como un plano, un mapa o un certificado de existencia que plantea rasgos e influencias que son posibles, pero que no están escritos en piedra. Es una herramienta simbólica a la que puedes recurrir y que se basa en las posiciones de los planetas en el momento de tu nacimiento. Si no tienes acceso a un astrólogo, ahora cualquiera puede obtener su carta astral en línea en cuestión de minutos (en la p. 108 encontrarás una lista de sitios y de aplicaciones para ello). Incluso si desconoces la hora exacta de tu nacimiento, saber la fecha y el lugar de nacimiento basta para confeccionar las bases de una plantilla útil.

Recuerda que en astrología nada es intrínsecamente bueno ni malo y que no hay tiempos ni predicciones explícitas: se trata más de una cuestión de influencias y de cómo estas pueden afectarnos, ya sea positiva o negativamente. Y si disponemos de cierta información y de herramientas con las que abordar, ver o interpretar nuestras circunstancias y nuestro entorno, tenemos algo con lo que empezar.

Vale la pena que, cuando leas tu carta astral, entiendas todas las herramientas que la astrología pone a tu alcance; no solo los signos astrológicos y lo que cada uno de ellos representa, sino también los 10 planetas que menciona la astrología y sus características individuales, además de las 12 casas y lo que significan. Por separado, estas herramientas ofrecen un interés pasajero, pero cuando empieces a ver cómo encajan las unas con las otras y se yuxtaponen, la imagen global te resultará más accesible y empezarás a desentrañar información que te puede resultar muy útil.

Hablando en términos generales, cada uno de los planetas sugiere un tipo distinto de energía, los signos zodiacales proponen distintas maneras en que esa energía se puede manifestar y las casas representan áreas de experiencia en las que puede operar dicha manifestación.

Lo siguiente que debemos añadir son las posiciones de los signos en cuatro puntos clave: el ascendente y su opuesto, el descendente; y el medio cielo y su opuesto, el fondo del cielo, por no mencionar los distintos aspectos que generan las congregaciones de signos y planetas.

Ahora será posible ver lo sutil que puede llegar a ser la lectura de una carta astral, lo infinita que es su variedad y lo altamente específica que es para cada persona. Con esta información y una comprensión básica del significado simbólico y de las influencias de los signos, los planetas y las casas de tu perfil astrológico único, puedes empezar a usar estas herramientas para que te ayuden a tomar decisiones en distintos aspectos de la vida.

Cómo leer tu carta astral

Si ya tienes tu carta astral, ya sea manuscrita o por un programa en línea, verás un círculo dividido en 12 segmentos, con información agrupada en varios puntos que indican la posición de cada signo zodiacal, en qué segmento aparecen y hasta qué punto. Independientemente de las características relevantes para cada uno, todas las cartas siguen el mismo patrón a la hora de ser interpretadas.

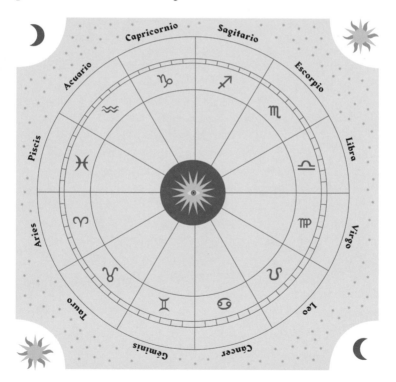

Cáncer

La carta astral se elabora a partir de la hora y el lugar de nacimiento y de la posición de los planetas en ese momento.

Si piensas en la carta astral como en una esfera de reloj, la primera casa (en las pp. 95-99 hablo de las casas astrológicas) empieza en el 9 y se sigue a partir de ahí en sentido antihorario, desde la primera casa hasta la duodécima, pasando por los 12 segmentos de la carta.

El punto inicial, el 9, es también el punto por el que el Sol sale en tu vida y tc da el ascendente. Enfrente, en el 3 de la esfera del reloj, encontrarás el signo descendente. El medio cielo (MC) está en el 12 y su opuesto, el fondo del cielo (IC) está en el 6 (más información en las pp. 101-102).

Entender la importancia de las características de los signos zodiacales y de los planetas, de sus energías concretas, de sus ubicaciones y de sus relaciones entre ellos puede ayudarnos a entendernos mejor, tanto a nosotros mismos como a los demás. En nuestra vida cotidiana, la configuración cambiante de los planetas y de sus efectos también se entiende mucho mejor con un conocimiento básico de astrología y lo mismo sucede con las pautas recurrentes que unas veces refuerzan y otras entorpecen oportunidades y posibilidades. Si trabajamos con estas tendencias, en lugar de contra ellas, podemos hacer que nuestra vida sea más fácil y, en última instancia, más exitosa.

El efecto de la Luna

Si tu signo solar representa la conciencia, la fuerza vital y la voluntad individual, la Luna representa la faceta de tu personalidad que tiendes a mantener más oculta, o en secreto. Estamos en el territorio del instinto, de la creatividad y del inconsciente que, en ocasiones, nos llevan a lugares que nos cuesta entender. Esto es lo que otorga tanta sutileza y tantos matices a la personalidad, mucho más allá del signo solar. Es posible que tengas el Sol en Cáncer y todo lo que eso significa, pero eso puede verse contrarrestado por una Luna con carácter y tenacidad en Tauro; o quizás tengas el Sol en el efusivo Leo, pero también la Luna en Acuario, con la rebeldía y el desapego emocional que eso supone.

Las fases de la Luna

La Luna orbita alrededor de la Tierra y tarda unos 28 días en dar una vuelta completa. Como vemos más o menos Luna en función de cuánta luz del Sol refleje, nos da la impresión de que crece y decrece. Cuando la Luna es nueva para nosotros, la vemos como un mero filamento. A medida que crece, refleja más luz y pasa de luna creciente a cuarto creciente y de ahí a luna gibosa creciente y a luna llena. Entonces, empieza a decrecer y pasa a gibosa menguante, luego a cuarto menguante, y vuelta a empezar. Todo esto sucede en el transcurso de cuatro semanas. Cuando tenemos dos Lunas llenas en un mes del calendario gregoriano, llamamos Luna azul a la segunda.

Cada mes, la Luna también recorre un signo astrológico, como sabemos por nuestras cartas astrales. Esto nos ofrece más información (una Luna en Escorpio puede ejercer un efecto muy distinto que una Luna en Capricornio) y, en función de nuestra carta astral, ejercerá una influencia distinta cada mes. Por ejemplo, si la Luna en tu carta astral está en Virgo, cuando la Luna astronómica entre en Virgo ejercerá una influencia adicional. Para más información, consulta las características de los signos (pp. 12-17).

El ciclo de la Luna tiene un efecto energético que podemos ver con claridad en las mareas oceánicas. Astrológicamente, como la Luna es un símbolo de fertilidad y, además, sintoniza con nuestra faceta psicológica más profunda, podemos usarla para centrarnos con mayor profundidad y creatividad en los aspectos de la vida que sean más importantes para nosotros.

Los eclipses

Hablando en términos generales, un eclipse ocurre cuando la luz de un cuerpo celeste queda tapada por otro. En términos astrológicos, esto dependerá de dónde estén el Sol y la Luna en relación con otros planetas en el momento del eclipse. Por lo tanto, si un eclipse solar está en la constelación de Géminis, ejercerá una influencia mayor sobre el Géminis zodiacal.

Que un área de nuestras vidas quede iluminada u oculta nos invita a que le prestemos atención. Los eclipses acostumbran a tener que ver con los principios y los finales y, por eso, nuestros antepasados los consideraban acontecimientos portentosos, señales importantes a las que había que hacer caso. Podemos saber con antelación cuándo ha de ocurrir un eclipse y están cartografiados astronómicamente; por lo tanto, podemos evaluar con antelación su significado astrológico y actuar en consecuencia.

Los 10 planetas

En términos astrológicos (no astronómicos, porque el Sol es en realidad una estrella), hablamos de 10 planetas y cada signo astrológico tiene un planeta regente. Mercurio, Venus y Marte rigen dos signos cada uno. Las características de cada planeta describen las influencias que pueden afectar a cada signo y toda esa información contribuye a la interpretación de la carta astral.

La Luna

Este signo es el principio opuesto del Sol, con el que forma una díada, y simboliza lo femenino, la contención y la receptividad, la conducta más instintiva y emotiva.

Rige el signo de Cáncer.

El Sol

El Sol representa lo masculino y simboliza la energía que da vida, lo que sugiere una energía paterna en la carta astral. También simboliza nuestra identidad, o ser esencial, y nuestro propósito vital.

Rige el signo de Leo.

Mercurio

Mercurio es el planeta de la comunicación y simboliza la necesidad de dar sentido, entender y comunicar nuestros pensamientos mediante palabras.

Rige los signos de Géminis y Virgo.

Venus

El planeta del amor tiene que ver con
la atracción, la conexión y el placer,
y en la carta de una mujer simboliza
su estilo de feminidad, mientras que
en la de un hombre representa a su
pareja ideal.

Rige los signos de Tauro y Libra.

Marte

Este planeta simboliza la energía
pura (por algo Marte era el dios de la
guerra), pero también nos dice en qué
áreas podemos ser más asertivos o
agresivos y asumir riesgos.

Rige los signos de Aries y Escorpio.

Saturno

En ocasiones, Saturno recibe el
nombre de maestro sabio. Simboliza
las lecciones aprendidas y las
limitaciones, y nos muestra el valor
de la determinación, la tenacidad y la
fortaleza emocional.

Rige el signo de Capricornio.

Júpiter

Júpiter es el planeta más grande de
nuestro sistema solar y simboliza la
abundancia y la benevolencia, todo
lo que es expansivo y jovial. Al igual
que el signo que rige, también
tiene que ver con alejarse de casa en
viajes y misiones de exploración.

Rige el signo de Sagitario.

Urano

Este planeta simboliza lo inesperado,
ideas nuevas e innovación, además de
la necesidad de romper con lo viejo y
recibir lo nuevo. Como inconveniente,
puede indicar una dificultad para
encajar y la sensación derivada de
aislamiento.

Rige el signo de Acuario.

Plutón

Alineado con Hades (*Pluto*, en latín),
el dios del inframundo o de la muerte,
este planeta ejerce una fuerza muy
potente que subyace a la superficie y
que, en su forma más negativa, puede
representar una conducta obsesiva y
compulsiva.

Rige el signo de Escorpio.

Neptuno

Asociado al mar, trata de lo que
hay bajo la superficie, bajo el
agua y a tanta profundidad que
no podemos verlo con claridad.
Sensible, intuitivo y artístico, también
simboliza la capacidad de amar
incondicionalmente, de perdonar
y olvidar.

Rige el signo de Piscis.

Los cuatro elementos

Si agrupamos los doce signos astrológicos según los cuatro elementos de tierra, fuego, aire y agua, accedemos a más información que, esta vez, nos remonta a la medicina de la antigua Grecia, cuando se creía que el cuerpo estaba compuesto por cuatro fluidos o «humores» corporales. Estos cuatro humores (sangre, bilis amarilla, bilis negra y flema) se correspondían con los cuatro temperamentos (sanguíneo, colérico, melancólico y flemático), las cuatro estaciones del año (primavera, verano, otoño e invierno) y los cuatro elementos (aire, fuego, tierra y agua).

Si las relacionamos con la astrología, estas cualidades simbólicas iluminan más las características de los distintos signos. Carl Jung también las usó en su psicología y aún decimos de las personas que son terrenales, ardientes, aéreas o escurridizas en su actitud ante la vida, mientas que a veces decimos que alguien «está en su elemento». En astrología, decimos que los signos solares que comparten un mismo elemento son afines, es decir, que se entienden bien.

Al igual que sucede con todos los aspectos de la astrología, siempre hay una cara y una cruz, y conocer la «cara oscura» nos puede ayudar a conocernos mejor y a determinar qué podemos hacer para mejorarla o equilibrarla, sobre todo en nuestras relaciones con los demás.

Aire

GÉMINIS ✳ LIBRA ✳ ACUARIO

Estos signos destacan en el terreno de las ideas. Son perceptivos, visionarios y capaces de ver la imagen general y cuentan con una cualidad muy reflexiva que los ayuda a destensar situaciones. Sin embargo, demasiado aire puede disipar las intenciones, por lo que Géminis puede ser indeciso, Libra tiende a sentarse a mirar desde la barrera y Acuario puede desentenderse de la situación.

Fuego

ARIES ✳ LEO ✳ SAGITARIO

Estos signos despiden calidez y energía y se caracterizan por una actitud positiva, una espontaneidad y un entusiasmo que pueden ser muy inspiradores y motivadores para los demás. La otra cara de la moneda es que Aries tiende a precipitarse, Leo puede necesitar ser el centro de atención y Sagitario puede tender a hablar mucho y actuar poco.

Tierra

TAURO ✳ VIRGO ✳ CAPRICORNIO

Estos signos se caracterizan por disfrutar de los placeres sensuales, como la comida y otras satisfacciones físicas, y les gusta tener los pies en el suelo, por lo que prefieren basar sus ideas en hechos. El inconveniente es que Tauro puede parecer testarudo, Virgo puede ser un tiquismiquis y Capricornio puede tender a un conservadurismo empedernido.

Agua

CÁNCER ✳ ESCORPIO ✳ PISCIS

Los signos de agua son muy sensibles al entorno, como el vaivén de la marea, y pueden ser muy perceptivos e intuitivos, a veces hasta niveles asombrosos, gracias a su sensibilidad. La otra cara de la moneda es que tienden a sentirse abrumados y Cáncer puede tender tanto a la tenacidad como a protegerse a sí mismo, Piscis parecerse a un camaleón en su manera de prestar atención y Escorpio ser impredecible e intenso.

Signos mutables,
fijos y cardinales

Además de clasificarlos según los cuatro elementos, también podemos agrupar los signos en función de las tres maneras en las que sus energías pueden actuar o reaccionar. Así, las características específicas de cada signo adquieren más profundidad.

Cardinales

ARIES ✳ CÁNCER ✳ LIBRA ✳ CAPRICORNIO

Son signos de acción, con una energía que toma la iniciativa y hace que las cosas comiencen. Aries tiene la visión; Cáncer, la emoción; Libra, los contactos, y Capricornio, la estrategia.

Fijos

TAURO ✳ LEO ✳ ESCORPIO ✳ ACUARIO

Más lentos, pero también más tenaces, estos signos trabajan para desarrollar y mantener las iniciativas que han lanzado los signos cardinales. Tauro ofrece consuelo físico; Leo, lealtad; Escorpio, apoyo emocional, y Acuario, buenos consejos. Podemos confiar en los signos fijos, aunque tienden a resistirse al cambio.

Mutables

GÉMINIS ✳ VIRGO ✳ SAGITARIO ✳ PISCIS

Son signos capaces de amoldarse a ideas, lugares y personas nuevos, tienen una capacidad única para adaptarse a su entorno. Géminis tiene una gran agilidad mental; Virgo es práctico y versátil; Sagitario visualiza las posibilidades, y Piscis es sensible al cambio.

Las 12 casas

La carta astral se divide en 12 casas, que representan otras tantas áreas y funciones en la vida. Cuando nos dicen que tenemos algo en una casa específica, como por ejemplo Libra (equilibrio) en la quinta casa (creatividad y sexo), podemos interpretar de un modo determinado las influencias que pueden surgir y que son específicas a la forma en que podemos abordar ese aspecto de nuestra vida.

Cada casa se asocia a un signo solar y, por lo tanto, cada una representa algunas de las características de ese signo, del que decimos que es su regente natural.

Se considera que tres de estas casas son místicas y tienen que ver con nuestro mundo interior, o psíquico: la cuarta (hogar), la octava (muerte y regeneración) y la duodécima (secretos).

1.ª casa

LA IDENTIDAD

REGIDA POR ARIES

Esta casa simboliza la personalidad: tú, quién eres y cómo te representas, qué te gusta y qué no, y tu manera de entender la vida. También representa cómo te ves y lo que quieres de la vida.

2.ª casa

LOS RECURSOS

REGIDA POR TAURO

La segunda casa simboliza tus recursos personales, lo que posees, incluido el dinero, y cómo te ganas la vida y adquieres tus ingresos. También tu seguridad material y las cosas físicas que llevas contigo a medida que avanzas por la vida.

3.ª casa

LA COMUNICACIÓN

REGIDA POR GÉMINIS

Esta casa habla de la comunicación y de la actitud mental y, sobre todo, de cómo te expresas. También de cómo encajas en tu familia y de cómo te desplazas a la escuela o al trabajo e incluye cómo piensas, hablas, escribes y aprendes.

4.ª casa

EL HOGAR

REGIDA POR CÁNCER

Esta casa habla de tus raíces, de tu hogar u hogares presentes, pasados y futuros, por lo que comprende tanto tu infancia como tu situación doméstica actual. También de lo que el hogar y la seguridad representan para ti.

5.ª casa

LA CREATIVIDAD

REGIDA POR LEO

Descrita como la casa de la creatividad y del juego, también comprende el sexo y se asocia al instinto creativo y a la libido en todas sus manifestaciones. También incluye la especulación en las finanzas y el amor, los juegos, la diversión y el afecto: todo lo referente al corazón.

6.ª casa

LA SALUD

REGIDA POR VIRGO

Esta casa tiene que ver con la salud, la física y la mental, y lo sólidas que son: tanto las nuestras como las de las personas a las que queremos, cuidamos o apoyamos, desde familiares hasta compañeros de trabajo.

7.ª casa

LAS RELACIONES

REGIDA POR LIBRA

Esta casa, opuesta a la primera, refleja los objetivos
compartidos y las relaciones íntimas, tu elección de pareja y
lo exitosas que pueden ser las relaciones. También refleja las
asociaciones y los adversarios en tu mundo profesional.

8.ª casa

LA REGENERACIÓN Y LA MUERTE

REGIDA POR ESCORPIO

Entiende «muerte» como regeneración o transformación
espiritual: esta casa también representa los legados y lo
que heredas después de la muerte, tanto en rasgos de
personalidad como materialmente hablando. Y como la
regeneración necesita sexo, esta casa también es
la del sexo y las emociones sexuales.

9.ª casa

LOS VIAJES

REGIDA POR SAGITARIO

Esta es la casa de los viajes a larga distancia y de la exploración,
así como de la apertura de mente que el viaje puede traer
consigo y de cómo se expresa. También refleja la difusión
de ideas, que puede traducirse en esfuerzos literarios
o de publicación.

11.ª casa

LAS AMISTADES

REGIDA POR ACUARIO

La undécima casa representa los grupos de amistades y de conocidos, la visión y las ideas. No trata de la gratificación inmediata, sino de los sueños a largo plazo y de cómo estos se pueden hacer realidad si somos capaces de trabajar en armonía con los demás.

12.ª casa

LOS SECRETOS

REGIDA POR PISCIS

Se la considera la casa más espiritual y es también la del inconsciente, los secretos y lo que puede estar oculto; es el metafórico esqueleto en el armario. También refleja las maneras encubiertas en que podemos sabotearnos a nosotros mismos y bloquear nuestro propio esfuerzo negándonos a explorarlo.

10.ª casa

LAS ASPIRACIONES

REGIDA POR CAPRICORNIO

Representa nuestras aspiraciones y nuestro estatus social, cuán arriba (o no) deseamos estar socialmente, nuestra vocación y nuestra imagen pública y lo que nos gustaría conseguir en la vida mediante nuestro propio esfuerzo.

El ascendente

El ascendente es el signo del Zodíaco que aparece en el horizonte justo al alba del día en que nacemos y depende del lugar y de la hora de nacimiento. Por eso, cuando hablamos de astrología resulta útil conocer la hora de nacimiento, porque el ascendente ofrece mucha información acerca de los aspectos de tu personalidad que son más evidentes, de cómo te presentas y de cómo te perciben los demás. Por lo tanto, aunque tu signo solar sea Cáncer, si tienes ascendente Sagitario es posible que se te perciba como a una persona desenvuelta, con un interés evidente por la aventura, en un sentido o en otro. Conocer tu ascendente (o el de otra persona) te puede ayudar a entender por qué da la impresión de que no hay una relación directa entre la personalidad y el signo solar.

Si sabes la hora y el lugar en que naciste, calcular el ascendente con una herramienta en línea o una aplicación es muy fácil (p. 108). Pregúntale a tu madre o a algún familiar o consulta tu partida de nacimiento. Si la carta astral fuera una esfera de reloj, el ascendente estaría en el 9.

El descendente

El descendente nos da una indicación de un posible compañero de vida, a partir de la idea de que los opuestos se atraen. Una vez conocido el ascendente, calcular el descendente es muy sencillo, porque siempre está a seis signos de distancia. Así, si tu ascendente es Virgo, tu descendente es Piscis. Si la carta astral fuera una esfera de reloj, el descendente estaría en el 3.

El medio cielo (MC)

La carta astral también indica la posición del medio cielo (del latín *medium coeli*), que refleja tu actitud hacia el trabajo, la carrera profesional y tu situación profesional. Si la carta astral fuera una esfera de reloj, el MC estaría en el 12.

El fondo de cielo (IC)

Para terminar, el fondo de cielo (o IC, por el latín *imum coeli*, que alude a la parte inferior del cielo), refleja tu actitud hacia el hogar y la familia y también tiene que ver con el final de tu vida. Tu IC está enfrente de tu MC. Por ejemplo, si tu MC es Acuario, tu IC será Leo. Si la carta astral fuera una esfera de reloj, el IC estaría en el 6.

El retorno de Saturno

Saturno es uno de los planetas más lentos y tarda unos 28 años en completar su órbita alrededor del Sol y regresar al lugar que ocupaba cuando naciste. Este regreso puede durar entre dos y tres años y es muy evidente en el periodo previo al trigésimo y el sexagésimo aniversarios, a los que acostumbramos a considerar cumpleaños importantes.

Como en ocasiones la energía de Saturno puede resultar muy exigente, no siempre son periodos fáciles en la vida. Saturno es un maestro sabio o un supervisor estricto y algunos consideran que el efecto de Saturno es «cruel para ser amable», al igual que los buenos maestros, y nos mantiene en el camino como un entrenador personal riguroso.

Cada uno experimenta el retorno de Saturno en función de sus circunstancias personales, pero es un buen momento para recapacitar, abandonar lo que ya no nos sirve y reconsiderar nuestras expectativas, al tiempo que asumimos con firmeza qué nos gustaría añadir a nuestra vida. Por lo tanto, si estás pasando, o a punto de pasar, por este evento vital, recíbelo con los brazos abiertos y aprovéchalo, porque lo que aprendas ahora (acerca de ti mismo, fundamentalmente) te será muy útil, por turbulento que pueda llegar a ser, y puede rendir dividendos en cómo gestionas tu vida durante los próximos 28 años.

La retrogradación de Mercurio

Incluso las personas a quienes la astrología no interesa demasiado se dan cuenta de cuándo Mercurio se encuentra retrógrado. Astrológicamente, la retrogradación es un periodo en el que los planetas están estacionarios pero, como nosotros seguimos avanzando, da la impresión de que retroceden. Antes y después de cada retrogradación hay un periodo de sombra en el que podríamos decir que Mercurio ralentiza o acelera su movimiento y que también puede ser turbulento. En términos generales, se aconseja no tomar ninguna decisión relativa a la comunicación durante una retrogradación y, si se acaba tomando, hay que tener en cuenta que es muy posible que no sea la definitiva.

Como Mercurio es el planeta de la comunicación, es fácil entender por qué preocupa su retrogradación y la relación de esta con los fracasos comunicativos (ya sean del tipo más tradicional, como cuando enviábamos una carta y se perdía, o la variedad más moderna, como cuando el ordenador se cuelga y nos causa problemas).

La retrogradación de Mercurio también puede afectar a los viajes, por ejemplo con retrasos en los vuelos o los trenes, atascos de tráfico o accidentes. Mercurio también influye en las comunicaciones personales –escuchar, hablar, ser escuchado (o no)– y puede provocar confusión y discusiones. También pude afectar a acuerdos más formales, como contratos de compraventa.

Estos periodos retrógrados ocurren tres o cuatro veces al año y duran unas tres semanas, con un periodo de sombra antes y después. En función de cuándo sucedan, coincidirán con un signo astrológico específico. Si, por ejemplo, ocurre entre el 25 de octubre y el 15 de noviembre, su efecto tendrá que ver con las características de Escorpio. Por otro lado, las personas cuyo signo solar sea Escorpio o que tengan a Escorpio en lugares importantes de su carta, experimentarán un efecto más intenso.

Es fácil encontrar las fechas de retrogradación de Mercurio en tablas astrológicas, o efemérides, y en línea: se pueden usar para evitar planificar en esas fechas eventos que se pudieran ver afectados. Para saber cómo la retrogradación de Mercurio te puede afectar más personalmente, necesitas conocer bien tu carta astral y entender las combinaciones más específicas de los signos y los planetas en la misma.

Si quieres superar con más tranquilidad una retrogradación de Mercurio, has de tener presente la probabilidad de que surjan problemas, así que, en lo posible, prevé que habrá algún retraso y comprueba los detalles un par de veces o tres. No pierdas la actitud positiva si algo que esperabas se pospone y entiende este periodo como una oportunidad para hacer una pausa, repasar y reconsiderar ideas tanto en tu vida personal como en la profesional. Aprovecha el tiempo para corregir errores o reajustar planes, para estar preparado cuando la energía se desbloquee y todo pueda fluir con más facilidad.

Quiero saber más

Agradecimientos

Quiero transmitir un agradecimiento especial a mi fiel equipo de Tauros. En primer lugar, a Kate Pollard, directora editorial, por su pasión por los libros maravillosos y por haber encargado esta colección. Y a Bex Fitzsimons, por su edición tan benévola como meticulosa. Y, finalmente, a Evi O. Studio, cuyo talento dibujando e ilustrando han producido estas pequeñas obras de arte. Con un equipo tan lleno de estrellas, estos libros no pueden más que brillar. Y os doy las gracias por eso.

Acerca de la autora

Stella Andromeda estudia astrología desde hace más de treinta años y está convencida de la utilidad de conocer las constelaciones celestes y sus posibles interpretaciones psicológicas. La traducción de sus estudios en libros ofrece una visión moderna y accesible de la antigua sabiduría de las estrellas, que transmite su firme convicción de que la reflexión y el autoconocimiento nos hacen más fuertes. Con su sol en Tauro, ascendente Acuario y Luna en Cáncer, utiliza la tierra, el aire y el agua para inspirar su viaje astrológico personal.

La edición original de esta obra ha sido publicada en
el Reino Unido en 2019 por Hardie Grant Books, sello editorial
de Hardie Grant Publishing, con el título

Cancer: A Guide To Living Your Best Astrological Life

Traducción del inglés
Montserrat Asensio

Primera edición: *febrero de 2020*

Impreso en China
Depósito legal: B 24040-2019
Código Thema: VXFA1

ISBN 978-84-16407-74-3